westermann

BAUSTEINE

Trainingsheft Rechtschreibstrategien

Erarbeitet von
Kerstin Riesberg, Osnabrück
Romina Stevens, Bramsche

4

Inhalt

Wörter schwingen und deutlich sprechen

Wörter sprechen und in Silben gliedern 3
Wörter mit h an der Silbengrenze 4

Länge des Selbstlautes prüfen

Verschiedene und doppelte Mitlaute 5
Wörter mit doppeltem Mitlaut richtig schreiben 6
Wörter mit ck richtig schreiben 7
Wörter mit tz richtig schreiben 8

Wörter verlängern

Wörter mit b, d, g verlängern 9
Wörter mit s und ß richtig schreiben 10

Wörter ableiten

Wörter mit ä und äu ableiten 11

Mit Wortbausteinen arbeiten

Wortstämme für die Rechtschreibung nutzen 12
Mit Wortbausteinen Wortarten ändern 13

Merkwörter üben

Merkwörter mit V/v kennen 14
Merkwörter mit h kennen 15
Merkwörter mit ä kennen 16
Merkwörter mit ai und dt kennen 17
Merkwörter mit C/c und Ph/ph kennen 18

Nomen großschreiben

Nomen erkennen und großschreiben 1 19
Nomen erkennen und großschreiben 2 20
Nomen mit -nis, -schaft, -tum kennen 21
Nomenprobe mit Adjektiven 22

Satzanfänge großschreiben 23
Zeichensetzung bei wörtlicher Rede 24

Aufgaben

1 abschreiben, wiedergeben und ausführen

1 anwenden, nachdenken und üben

1 weiterdenken, forschen und begründen

Wörter sprechen und in Silben gliedern

1 Sprich die Wörter in Silben. Schreibe die Wörter mit Silbenbögen auf.

Autowaschanlage ✓ Brotschneidemaschine Sonnenschirmständer
Wohnzimmerteppich Telefonanlage Hausaufgabenheft

Autowaschanlage

2 Verbinde die Selbstlaute mit den passenden Wörtern.

uae aeoe ueaa aee ueo

Dachfenster Nudeltopf Hundehalsband Tuschkasten Badehose

3 Zeichne die Silbenbögen ein. Markiere in der **ersten Silbe** den Selbstlaut. Schreibe die Wörter geordnet auf.

tanzen Regal halten kleben Lampe Tafel praktisch baden

Die erste Silbe endet mit einem **Selbstlaut**, die Silbe ist **offen**:

Die erste Silbe endet mit einem **Mitlaut**, die Silbe ist **geschlossen**:

Ich kann Selbstlaute in Silben erkennen und offene und geschlossene Silben unterscheiden.

· rechtschriftliche Kenntnisse wiederholen
· Rechtschreibstrategien anwenden: Silben

Wörter mit h an der Silbengrenze

1 Schreibe zu jedem Bild das Wort. Markiere die Silbengrenze.

 ______________________

 ______________________

 ______________________

 ______________________

2 Bilde die Grundform der Wörter.

es flieht – ______________________

sie zieht – ______________________

er näht – ______________________

es geht – ______________________

er ruht – ______________________

er sieht – ______________________

es dreht – ______________________

sie mäht – ______________________

sie glüht – ______________________

es blüht – ______________________

3 Suche zu jedem Wortstamm drei Wörter aus der Wortfamilie.
Markiere den Wortstamm.

STEH: aufstehen ______________________

SPRÜH: ______________________

RUH: ______________________

SEH: ______________________

Ich kann Wörter mit **h** an der Silbengrenze schreiben.

- Rechtschreibstrategien anwenden: Silben
- schwingen und verlängern bei Wörtern mit silbeninitialem h

SB: Seite 100
ÜH: Seite 70

Länge des Selbstlautes prüfen

Verschiedene und doppelte Mitlaute

1 Schreibe die Wörter geordnet auf. Zeichne Silbengrenzen ein.

Koffer Tinte Schüssel Kette Wolke Ordner

gleiche Mitlaute an der Silbengrenze: ______________________________

verschiedene Mitlaute an der Silbengrenze: ______________________________

2 Ergänze die Sätze.

offen Selbstlaut Mitlaut geschlossen kurz gleiche lang

Bei **Besen** endet die erste Silbe mit einem ______________. Die Silbe ist ______________. Der Selbstlaut wird ______________ gesprochen.

Bei **Bilder** endet die erste Silbe mit einem ______________. Die Silbe ist ______________. Der Selbstlaut wird ______________ gesprochen.

Bei **Bretter** treffen sich an der Silbengrenze zwei ______________ Mitlaute.

3 Zeichne die Silbengrenzen. Schreibe alle Wörter mit geschlossener erster Silbe auf.

Vase Puppe Blätter Hose Waffeln Boden Wetter Gläser Teller Flasche Matte

____

____

Ich kann Wörter mit verschiedenen und doppelten Mitlauten an der Silbengrenze unterscheiden. ☺ 😐

Wörter mit doppeltem Mitlaut richtig schreiben

1 Finde weitere Wörter mit den markierten Buchstaben.

küssen   rennen   fallen   Waffel   wetten   Puppe

Kissen ______________________________

____

2 Schreibe die Wörter mit doppeltem Mitlaut richtig auf. Markiere so:

Sonne ______________________________

____

____

3 Ergänze ein passendes Reimwort. Markiere den doppelten Mitlaut.

In jedes gute Essen meiner Mutter –

gehört eine große Portion ____________.

Der Regen auf der Tonne –

trocknet durch die warme ____________.

Schnell versteckt sich Hans im Keller, –

denn er trägt die Schuld für die Scherben der ____________.

Ich kann Wörter mit doppeltem Mitlaut richtig schreiben.

· Rechtschreibstrategien anwenden: Silben schwingen und Selbstlautlänge prüfen (Konsonantenfolge, Doppelkonsonant)

SB: Seite 58
ÜH: Seite 40

Wörter mit ck richtig schreiben

1 Bilde bei den Wörtern die Grundform. Markiere und trage den Silbenbogen ein.

schmückt schmücken ______ backt ______

weckt ______ steckt ______

schmeckt ______ leckt ______

2 Schreibe den Zungenbrecher in deiner schönsten Schrift ab. Markiere **ck**.
Versuche ihn so schnell es geht zu sprechen.

Schnecken schlecken klebrige Flecken, wenn klebrige Flecken nach Schnecken schmecken. Wenn klebrige Flecken nach Schnecken schmecken, schlecken Schnecken klebrige Flecken.

______

______

______

______

3 Setze **k** oder **ck** ein. Schreibe und markiere wie im Beispiel.

De__e	Pla_at	we__en	En_el	Mas_e	Dre__	Fle__
blin_en	Schne__e	le__en	Ha_en	len_en	Kü_en	He__e

k: Plakat ______

ck: Decke ______

Ich kann Wörter mit **ck** richtig schreiben.

Wörter mit tz richtig schreiben

1 Schreibe passende Reimwörter. Markiere **tz**.

Die Pfote einer Katze nennt man auch manchmal ______

Sogar im Sitzen muss Quiesel heut ______

Meine neue Mütze fiel leider in die ______

Bei dieser großen Hitze, wär Eis jetzt wirklich ______

2 Bilde bei den Verben die Grundform. Markiere und trage den Silbenbogen ein.

sitzt: sitzen ______ putzt: ______

nutzt: ______ schmatzt: ______

verletzt: ______ schützt: ______

3 Schreibe die Wörter auf. Kontrolliere mit dem Wörterbuch.

 ______ Seite: ______

 ______ Seite: ______

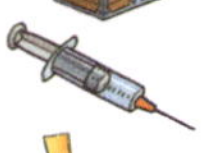 ______ Seite: ______

 ______ Seite: ______

4 Schreibe zu jedem Wort mindestens drei verwandte Wörter auf. Markiere **tz**.

putzen: ______

Sitz: ______

Schutz: ______

Ich kann Wörter mit **tz** richtig schreiben. ☺ 😐

· Rechtschreibstrategien anwenden: Silben schwingen und Selbstlautlänge prüfen bei Wörtern mit tz

SB: Seite 59
ÜH: Seite 41

Wörter mit b, d, g verlängern

1 Schreibe ein verlängertes Wort auf. Markiere dann den richtigen Buchstaben.

tau$^{b}_{p}$: ____________________ spä$^{d}_{t}$: ____________________

es flie$^{g}_{k}$t: ____________________ ihr ü$^{b}_{p}$t: ____________________

der Nor$^{d}_{t}$pol: ____________________ das Rau$^{b}_{p}$tier: ____________________

2 Verlängere die Wörter im Kopf und ergänze den richtigen Buchstaben.

d/t: Zei___, Lie___, Ban___, Hu___, Bil___, Lan___, Lei___, Klei___

will___, spä___, of___, wei___, frem___, lau___, gesun___

Saf___flasche, Luf___pumpe, Wan___uhr, Punk___zahl, wer___voll

g/k: Zwer___, Ban___, Sie___, Klan___, Ta___, Tan___, Fabri___, Schran___, Zwei___

kran___, star___, klu___, lan___, flin___, en___, wichti___, billi___

Schla___sahne, Trin___becher, Käfi___gitter, We___weiser, Fun___wecker

b/p: Mikrosko___, Kal___, Die___, Urlau___, Rau___, Siru___, Kor___, Gra___

tau___, gro___, lie___, plum___, gel___, hal___, trü___

Rau___katze, Stau___sauger, Pie___matz, Urlau___skasse, Sta___männchen

3 Schreibe den Satz richtig auf.

Das Wiltschwein gräpt sich einen Weg durch den Walt.

____

Ich kann Wörter mit **b**, **d**, **g** verlängern. ☺ 😐

Wörter mit s und ß richtig schreiben

1 **s** oder **ß**? Verlängere die Wörter.

der Strau___: die Sträuße also: der Strauß

der Krei___: ________ also: ________

der Gru___: ________ also: ________

das Glei___: ________ also: ________

sü___: ________ also: ________

mie___: ________ also: ________

farblo___: ________ also: ________

2 Setze **s** oder **ß** ein.

Quiesel gie___t den Blumenstrau___ mit Limonade.

Eine Maus kommt vorbei und denkt: „Das riecht aber sü___!"

Doch während sie den Duft genie___t, übersieht sie einen kleinen Stein

und stö___t sich den Fu___.

Hilflos ra___t sie nun wimmernd im Krei___.

3 Schreibe weiter.

Wenn ich wissen will, ob ich bei Klo___ ein s oder ß einsetzen muss, kann ich

____

____

Ich kann Wörter mit **s** und **ß** richtig schreiben. ☺ 😐

· Rechtschreibstrategien anwenden: verlängern bei Wörtern mit s und ß

SB: Seite 86
ÜH: Seite 60

Wörter mit ä und äu ableiten

1 Schreibe ein verwandtes Wort mit **a** oder **au** auf.

Gemälde: ______________________ nähen: ______________________

Gepäck: ______________________ zählen: ______________________

Geräusch: ______________________ erkälten: ______________________

Gebäude: ______________________ säubern: ______________________

2 **Ä** oder **e**? Setze richtig ein.

___rmel J___ger zuverl___ssig h___ll V___rb Langschl___fer

f___rn k___lter H___rz g___lb kr___ftig erz___hlen b___sser K___tte

Schw___mme z___rtlich w___hlen Tr___ppe H___nde ___pfel

3 **Äu** oder **eu**? Welche Wörter sind falsch geschrieben?
Streiche sie durch und schreibe sie mit dem verwandten Wort richtig auf.

der Läufer ~~der Reuber~~ läuchten näugierig das Kreuz einzeunen
das Geräusch die Beule die Kreuter heute die Räume gleubig

der Räuber – rauben, ______________________

____

____

____

Ich kann Wörter mit **ä** und **äu** ableiten.

Mit Wortbausteinen arbeiten

Wortstämme für die Rechtschreibung nutzen

1 Welche Wörter gehören zur gleichen Wortfamilie? Male sie in derselben Farbe an.

Sammler, Sinnlosigkeit, unsinnig, gesammelt, einsammeln, versammeln, sammeln, Uhrzeigersinn, wahnsinnig, Geruchssinn, sinnlos, Besinnen, Eigensinn, Sammlung, Blödsinn, leichtsinnig, Sammelalbum, aufsammeln, Ansammlung, Versammlung, sinnvoll

2 Streiche in jedem Heft die falsch geschriebenen Wörter durch.
Schreibe alle Wörter auf und markiere den Wortstamm.

Heft 1	Heft 2	Heft 3
backen	verlieben	zälen
Bakofen	lieber	die Zahl
Bäckerei	Libesbrief	bezahlen

Ich kann Wortstämme für die Rechtschreibung nutzen.

Mit Wortbausteinen Wortarten ändern

1 Welche Wortart endet oft mit welchen Endbausteinen? Male passend an.

Nomen Verben Adjektiv

-ung	-heit	-los	-nis	-sam	-schaft	-ieren
-isch	-tum	-haft	-bar	-keit	-lich	-ig

2 Bilde aus den Adjektiven Nomen mit -**keit**. Markiere.

neu: ______________________ eitel: ______________________

übel: ______________________ lässig: ______________________

müde: ______________________ ähnlich: ______________________

3 Bilde aus den Nomen Verben.

Begegnung: ______________________ Belohnung: ______________________

Erholung: ______________________ Unterscheidung: ______________________

Vorbereitung: ______________________ Entscheidung: ______________________

4 Wandle jedes Wort in eine andere Wortart um. Markiere die Endbausteine des neuen Wortes.

die Nummer: ______________________ die Lust: ______________________

ereignen: ______________________ die Mode: ______________________

leicht: ______________________ die Trauer: ______________________

Ich kann mit Wortbausteinen Wortarten ändern. ☺ 😐

· grammatisches Wissen für Erkennen von Wortarten nutzen

SB: Seite 96

Merkwörter mit V/v kennen

1 Lies die Wörter. Schreibe sie geordnet auf.

Vorhang ✓ Interview Virus Verein Advent bevor Vampir
viel Verb von Vitamine Silvester Detektiv

V/v klingt wie F	V/v klingt wie W
Vorhang,	

2 Setze die Wortbausteine **ver** oder **vor** ein. Markiere sie.

Lilly hat sich mit ihren Freunden am Sportplatz ver abredet.

Simon wollte schon ____fahren. Alex ____gisst den Ball und muss nochmal nach Hause fahren. Nina ____passt den Bus und kommt etwas später. Aber endlich ist das Warten ____bei und alle sind da. Be____ sie spielen, wählen sie zwei Teams. Dann geht es los. Simon schießt zu ____sichtig und ____fehlt das Tor. Macht nichts ____her hat er immer getroffen.

3 Schreibe Sätze mit den Wörtern **vielleicht** und **viel**.

____

____

Ich kenne Merkwörter mit **V/v**. ☺ 😐

Merkwörter mit h kennen

In manchen Wörtern kann man das **h** nicht hören. Es kann vor **l**, **m**, **n**, **r** stehen: Zahl, nehmen, ohne, Uhr.

Diese Wörter musst du dir merken.

1 Lies die Wörter halblaut und markiere das **h**.

Fehler ✓	nehmen	ohne	während	Sohn	kühl
Lehm	ähnlich	Uhr	zahm	Zahl	Jahr

2 Trage die Wörter aus Aufgabe 1 in die Tabelle ein.

h vor l	h vor m	h vor n	h vor r
Fehler			

3 Setze **ihm, ihn, ihren** oder **ihnen** in die Sätze ein.

Alina und Tim haben Durst. Mia gibt __________ etwas zu trinken.

Dari hat __________ neuen Bleistift verloren.

Igor ist Annas bester Freund. Sie verrät __________ ein Geheimnis.

Leas Hund ist verschwunden. Sie sucht __________ überall.

4 In jedem Satz ist ein Merkwort mit **h** falsch geschrieben.
Streiche es durch und schreibe es richtig auf.

Tim fährt mit seinem Farrad. ______________________________

Der Forscher untersucht eine Höle. ______________________________

Sven macht nur selten einen Feler. ______________________________

Ich kenne Merkwörter mit **h**. ☺ 😐

Merkwörter mit ä kennen

1 Schreibe die Wörter nach dem Abc geordnet auf. Markiere dann **Ä/ä**.

während krächzen Dänemark Bär Äquator Ähre dämlich spät rückwärts

____

____

2 Schreibe die Wörter richtig auf.

M*rz: ______________ Kr*he: ______________

Tr*ne: ______________ K*fig: ______________

L*rm: ______________ M*dchen: ______________

S*ule: ______________ vorw*rts: ______________

3 Schreibe Wörter mit dem Wortstamm **spät** auf.

verspätet ______________________________

____

4 Schreibe Sätze mit den Wörtern **vorwärts** und **seitwärts**.

____

____

____

____

Ich kenne Merkwörter mit **ä**.

· Rechtschreibstrategien anwenden: Merkwörter mit ä

SB: Seite 87
ÜH: Seite 61

Merkwörter mit ai und dt kennen

1 Finde die Wörter mit **ai** und **dt**. Schreibe sie richtig auf.

S	K	X	S	Ä	T	V	S	E
T	A	I	F	U	N	F	T	S
U	K	A	I	S	E	R	A	E
I	J	R	D	E	M	K	D	Z
V	E	R	W	A	N	D	T	W

____

____

____

____

2 Bilde möglichst viele zusammengesetzte Nomen mit dem Wort **Stadt**.

____

____

____

3 Schreibe die gesuchten Nomen auf.

Saite Laich Mais Kaiser Mai Waise Hai ✓ Kai

Raubfisch: Hai

Gemüse: ______________________

Teil einer Geige: ______________________

Monat: ______________________

Froscheier: ______________________

Herrscher: ______________________

elternloses Kind: ______________________

Vorname: ______________________

Ich kann Merkwörter mit **ai** und **dt** richtig schreiben. ☺ 😐

Merkwörter mit C/c und Ph/ph kennen

1 Lies die Wörter laut.

Cello  Computer  Cent 

Comic  Cowboy  Currywurst 

2 Schreibe die Wörter aus Aufgabe 1 ab. Markiere das **C**.

___

___

3 Bilde mit möglichst vielen Wörtern aus Aufgabe 1 zusammengesetzte Nomen.

___

___

4 Hier sind die Silben vertauscht. Schreibe die Wörter richtig auf.

phetrotaska: die ______ betphaal: das ______

phestro: die ______ umphtri: der ______

sikphy: die ______ tomphan: das ______

5 Wähle zwei Wörter aus Aufgabe 4 aus. Schreibe Sätze mit den Wörtern.

___

___

Ich kann Merkwörter mit **C/c** und **Ph/ph** richtig schreiben.

Nomen erkennen und großschreiben 1

1 Ergänze die Einzahl oder die Mehrzahl.
Markiere die Anfangsbuchstaben der Nomen.

der Gedanke	der ______	das Gefühl
die Gedanken	die Düfte	die ______
der ______	die ______	die ______
die Plätze	die Blüten	die Welten
die Gefahr	der Schmerz	der Wald
die ______	die ______	die ______

2 Welche Wörter sind Nomen? Markiere.

KUNST KURZ ABENTEUER RUHIG FALSCH FREUDE
IDEE TRAURIG STRAFE STÜNDLICH ZUFALL

3 Schreibe die Nomen aus Aufgabe 2 mit bestimmtem und unbestimmtem Artikel richtig auf.

die Kunst – eine Kunst, ______

______

______

______

Ich kann Nomen erkennen und großschreiben. ☺ 😐

Nomen erkennen und großschreiben 2

1 Fülle die Tabelle aus. Mache die Proben für jedes Nomen.

Nomen	Einzahl – Mehrzahl	bestimmter oder unbestimmter Artikel
Glück	–	das Glück
Zeit		
Traum		
Leute		
Freude		
Meer		
Luft		
Wolke		

2 Kreise alle Nomen ein.

ANGST TEUER DAMALS FRIEDEN HUNGER GEHT
LANGEWEILE LUSTIG MUT TRÄUMT FRÜHER

3 Schreibe die Nomen aus Aufgabe 2 richtig auf.

Angst

Ich kann Nomen erkennen und großschreiben.

· grundlegende Begriffe kennen: Nomen
· Nomen großschreiben

SB: Seite 17
ÜH: Seite 11

Nomen mit -nis, -schaft, -tum kennen

1 Schreibe die Nomen mit Artikel geordnet auf. Markiere nis , schaft , tum.

ERLEBNIS RITTERTUM MANNSCHAFT REICHTUM BEREITSCHAFT
GEHEIMNIS WACHSTUM HINDERNIS VERWANDTSCHAFT

-nis: ______________________________

-schaft: ______________________________

-tum: ______________________________

2 Bilde aus den Wörtern Nomen mit **-nis** oder **-schaft**. Schreibe sie mit Artikel auf.

erleben ✓ Freund erkennen Feind erlauben Meister

erleben – das Erlebnis ____________ – ____________

____________ – ____________ ____________ – ____________

____________ – ____________ ____________ – ____________

3 Streiche die Fehler durch. Schreibe den Satz richtig auf.

Durch ihren einfallsreichtum kam sie zu großem reichtum.

____

____

Ich kann Nomen mit **-nis**, **-schaft**, **-tum** erkennen und großschreiben. ☺ 😐

· grammatisches Wissen für Großschreibung nutzen: Nomen mit Wortbausteinen -nis, -schaft, -tum

SB: Seite 16
ÜH: Seite 10

Nomenprobe mit Adjektiven

Wenn du ein Adjektiv vor das Wort schieben kannst, ist es ein Nomen: *Ich trinke gern kaltes Wasser.* Die Endung des Adjektivs verändert sich dabei.

1 Ergänze das Treppengedicht mit passenden Adjektiven.

das *kalte* Wasser

das *kalte* ________________ Wasser

das *kalte* ________________ ________________ Wasser wird nicht nasser.

2 Setze passende Adjektive vor die Nomen.

Der ________________ Junge hatte gestern eine ________________ Idee.

Der ________________ Mann bekam einen ________________ Schreck.

An diesem ________________ Morgen hatte sie ________________ Laune.

3 Mache die Adjektivprobe im Kopf. Schreibe die Sätze richtig auf.

IHR LACHEN HÖRTE ICH BIS IN DEN KELLER.

____

BEIM SPIELEN HAT MIA IHREN SCHLÜSSEL VERLOREN.

____

Ich kann die Nomenprobe mit Adjektiven anwenden. ☺ 😐

· Rechtschreibstrategie anwenden: Nomenprobe

SB: Seite 99
ÜH: Seite 69

Satzanfänge großschreiben

1 Markiere den ersten Buchstaben am Satzanfang.

> Es war ein schöner sonniger Tag. Ich fuhr mit meinem Fahrrad. Plötzlich lief ein großer Hund auf den Radweg. Er setzte sich hin und kratzte sich hinter dem Ohr. Schnell versuchte ich zu bremsen. Kurz vor dem Hund blieb das Fahrrad stehen.

2 Schreibe die Sätze richtig auf. Setze hinter jeden Satz einen Punkt.
Beachte die Großschreibung am Satzanfang.

> Ben und Nesrin haben Seifenkisten gebaut sie fahren ein Rennen

___

___

> zuerst rollen sie den Hügel runter dann fahren sie über einen Feldweg

___

___

> am Ende des Weges ist das Ziel heute gewinnt Nesrin

___

___

> Ich kann Satzanfänge erkennen und großschreiben.

· Großschreibung am Satzanfang beachten
· Zeichensetzung am Satzende beachten

Zeichensetzung bei wörtlicher Rede

1 Setze die Doppelpunkte und Anführungszeichen ein.

Aslan fragt Was möchtest du später einmal werden?

Sina sagt Ich möchte Astronautin werden.

Jan ruft Ich auch!

2 Schreibe die wörtliche Rede auf. Setze Doppelpunkte und Anführungszeichen.

Milad fragt ____________________

Tom antwortet ____________________

Sarah ruft ____________________

Ich kann Zeichensetzung bei wörtlicher Rede anwenden. ☺ 😐

· sprachliche Begriffe kennen und verwenden: Redebegleitsatz und wörtliche Rede
· Zeichensetzung beachten

SB: Seite 29
ÜH: Seite 19